Joan

Joni Järvi-Laturi

Kustantaja: BoD – Books on Demand, Helsinki, Suomi.
Valmistaja: BoD – Books on Demand, Norderstedt, Saksa.
ISBN: 978-952-31-8972-0

Sisällysluettelo

I

Kings Park

Joka yö kuiskasimme toisillemme.

Pelasimme korttia ja poltimme savukkeita.

Hän, Meredith, seinää vasten, minun oma Meredith, hullu nainen,
lauluntekijä.

Ja joka yö keskustelimme kaikesta mahdollisesta, syvällisesti,
juhlien outoutta, yhteyttä.

Voisi sanoa että koimme kaikki Yhdysvaltain vuosikymmenet
siellä.

Mutta olimme sairaalassa vain kuusi vuotta, 1965-1971.

Meidän jälkeen saapuivat uudet potilaat, siihen samaan
huoneeseen.

Uudet keskustelut seinää vasten, 1971-1996.

Puhuimme Kennedystä, kuumatkailusta, psykedeelisistä
huumeista, Coca Colasta, tupakan valmistuksesta, road tripeistä,
Kanadan metsistä, Alaskan baareista, rahtiliikenteestä, musiikista,
radiosta, televisiosta.

Suuri yö. Suuri ihana seinä.

Valo pimeässä yössä. Kitara. Rikkoutuneet farkut. Mandala.

Olimme pieni osa suurta yötä, yksi miljardeista.

Maailman suurimmassa mielisairaalassa - Kings Parkissa.

Sitä hetkeä ei ole enää olemassa.

Valo joka ei koskaan katoa

Ennen kuolemaansa
hän kävi ala-asteella,
jossa hän kävi koulua
60 vuotta sitten.

Kaikki opettajat ja oppilaat
olivat jo aikoja sitten
lähteneet ja korvautuneet uusilla.

Silti, rakennukset olivat aivan samoja.

Muttei ollut ketään, ei enää ketään muuta.

Olivat vain luminen maa,
menneisyyden muistot,
maa joka oli muuttunut
ja uudistunut miljoonia kertoja,
että kaikki mikä oli ollut
oli jossain toisessa ulottuvuudessa,
josta oli enää jäljellä vain valokuvat,
niin kaukaisesta maasta.

Hän muisti
kananmunanhajuisen päiväkodin,
kynät ja penaalit,
jojot, jääkiekkokortit,
maanalaisen jäähallin,
pururadan ja terveydenhoitajan huoneen,
salin jossa tehtiin näytöksiä,
oppilaat, tytöt ja pojat,
jotka olivat lähteneet kauas,

eri suuntiin,
ja ajatteli:

"Tämä oli kuin uni,
ja minä sain silloin sieluuni ja sydämeeni
timantin, tähden,
kokemuksen, joka määritti koko elämäni,
ja tiedän että tämä tunne
oli aina sydämeni koti,
juuret, jotka kasvoivat loppuelämäni vuosiin,
tällaista valoa ei mikään tuhoa,
se valo on liian suuri."

Hän käveli pois koulusta.
Itki. Ja käveli takaisin kotiin.

Ja oli valmis kuolemaan.

Illat

Nämä illat olisivat niin ihania
Etten haluaisi olla taivaalla,
Vaan helikopterissa,
Etten haluaisi olla tiellä,
Vaan autossa,
keskellä pitkää, ihanaa matkaa.

Nyt kaikki tuntuu nähdyltä,
kun ennen kaikki täyttyi täyttymistään,
illat kotona tuntuvat turvallisilta ja lämpimiltä,
mutta mieli on kuin betoniseinä
tuijottaen kalvaasti toiseen betoniseinään
vaikka internetin lyriikka on kaunista, lunta,
elokuvat kyllästyttävät minua.

Tyttöystävä,

Yhtäkkiä elämä saakin ennennäkemättömiä värejä,
toinen nainen on kuin iltaihmisesi,
jonka kanssa luodata tähtitaivasta, pimeyden verhoa, salaisuutta,
avaruuden kantta,
te molemmat hehkutte
ihmetyksen ja uteliaisuuden valoa,
rakastatte yötä,
keskustelette elokuvista ja sarjoista
filosofisesti, haluatte nähdä kaiken ja enemmän,
se mistä olit ennen ulkopuolinen
on paljastanut sinulle ruusuisimmat hetkensä
ja parasta on kun tyttöystävä
ehdottaa sinulle milloin katsotte elokuvan
ja minkä elokuvan

ja aamulla lähdette luistelemaan ja uimaan.

Totta, olen nähnyt jo paljon
mutta uskon silti varjoihin,
joissa elämä ei ole minulle vielä
paljastanut läheskään kaikkea.

Luxus - täydellinen maailma

Pajat ovat vapaat, valmiit, ilmaiset.
Reilut. Rennot.
Moraaliset naiset ja miehet johtavat yhteiskuntia.
Aamulla saa juoda kahvia.
Työtä tehdään jotta lepo ja turva tuntuu sen jälkeen paremmalta.

Kaikilla on perustulo.
Silti työtä arvostetaan.
Ei tarvitse tehdä palkkatöitä jos ei halua.
Nuoret ihailevat vanhojen kypsyyttä.
Äideistä ja isistä pidetään huolta.

Jotkut tekevät töitä tietokoneiden kanssa.
Miljoonien nörttien perinne.
Olla varjoissa, näppäillä, rakentaa maailmoja, osana hiljaista
veljeskuntaa.

Joka maassa biletetään.
Kaikilla maailman ihmisillä on televisio, älypuhelin ja internet.
Vaikeudet eivät ole loppuneet.
Ne eivät vain ole julmia tai julman traagisia.

Jalkapallo on rakkautta.
Bisnesmiehet ihailevat runoutta, elokuvaa, romaaneja, taiteilijoita.
Joka ihmisellä on mahdollisuus kanavaan, jonka kautta toteuttaa
itseään.

Palvelut pyörivät täydellisesti.
Luonto ja kaupungit elävät sopusoinnussa.
Vähemmistöjä suojellaan.
Ihmiset ymmärtävät enemmän toisiaan ja toistensa jumalaisuutta.

Kulttuuri kukoistaa ja elokuvatähdet ovat karismaattisia.
Näyttelijöitä ylistetään suurina, sankareina.
Jostain syntyy uusi Bacheja.
Alkaa uusia musiikin ja elokuvan kultakausia.

Arki yhdistää ihmisiä.
Valokuvat säilytetään, menneisyyttä ei tuhota.
Melkeinpä koko ajan valmistaudutaan johonkin jännään
rakkaustapahtumaan.
Illat ovat rakkausaikaa.

Maailma ei ehkä koskaan ole valmis.
Mutta tällaisen runon halusin kirjoittaa.

Logistiikka

Elokuvateattereiden viehtymys,
perustuu siihen miten synkkä teatterisali on,
olisipa aamu, päivä tai etenkin ilta
niin yleisön seassa on tummanpuhuvaa olla
ja mieleen tulee elokuvahistorian alkutunteet
eli taksimatka, korttipelit, ennustajien huoneet, illuusio, magia,
yölliset kadut, prostituutio, transvestismi...

Toinen viehtymys
liittyy elokuvateollisuuteen,
jonka jännää energisyyttä
koetaan joukossa ja odotetaan,
trailereiden ja kohtauksien seassa
seuraavaa klassikkokohtausta...

Teollisuuden viehtymys
perustuu uskomattoman isoon koneeseen,
jonka osasia me kaikki olemme
ja joka tekee maailmasta suuren
maapallosta yhteisen
ja jonka läsnäolo luo nautinnollista turvallisuutta
ja valtavuuden tunnetta.

Turvallisuuden ohella
koemme likaisuutta ja vaaraa,
joskus ajattelen että pubit ja etnopizzeriat
edustavat sitä sekä yölliset kusiputket, grillit,
kun istun etnopizzeriassa
tykkään tuijottaa seinää,
joka vaikuttaa ruosteiselta
ja tuo halvan mutta eksoottisen kauniin olotilan

ja odotan ruokaa kun televisio pauhaa yössä.

Mihin tunteet perustuvat?
Mitä tunteissa tapahtuu?

Tätä minä tutkin.

Ensi yönä rekat ajavat ympäri Suomea
ja kuskit menevät aamun sarastaessa
huoltoasemille juomaan kahvia.

Ja minä uskon varjoihin, minä uskon...

Laulu turvallisuuden nautinnosta

"Mikäköhän se juttu oli?
Mun pitää miettiä.
Mä mietin nyt.
Johtuukohan se siitä jutusta?
Epäiletkö häntä?
Vai miksi se meni niin?
Se voi olla tärkeä tieto tulevaa ajatellen.
Onhan siinä sekin juttu.
Mitäköhän se kaikki tarkoittaa?
Ratkeaako tää joskus?
Mitä ne siellä tekee?"

Ihollani liikkuu valon polttava kylmyys,
sisälläni lämmittää kuuma hehku,
rakastan turhuutta joka voi olla tärkeää,
kaikki on minulle merkittävää.

Olen niin mitätön ja pieni niin valtavan alla,
elämä on geopoliittisesti tärkeää,
yllämme on salaisuuksien salaisuus,
jota yritän ratkaista.

Rakastan vedonlyöntiä,
ravit tulevat r-kioskin televisiosta,
silläkin on iso merkitys politiikkaan
tai ainakin näin tykkään ajatella.

Kotona uppoudun lyriikkaan,
kulmassa luen tahraista pokkaria,
olen turvassa kylmältä ulkomaailmalta,
käperryn katsomaan jalkapallon mm-kisoja.

Ja kaikille jotka kuolivat,
Ja kaikille joita kaipaan.

Juodaan sitten siellä taivaassa aamuisin baarissa lasilliset.

Hohto

Overlook-hotelli oli kuin kartanosi,
jossa asuit erakkona kaikki ne vuodet.

Mitä tapahtui vuosien 1980 ja 1999 välillä?
Millaisia asioita teit niiden aikana?

Hotellissa oli riittävästi tilaa yksinoloon,
keittiössä tarpeeksi ruokaa 19 vuodeksi.

Helikopteri lensi tyhjän maantien yllä,
autioitunut auto kulki kohti määränpäätä.

Katsoit hotellissa amerikkalaisia televisiosarjoja,
matkustit lentokoneella kohti salaista paikkaa.

Puolitäysi muropaketti kaatuu ruokavarastossa,
kahvi keittää joka päivä itseään kahvinkeittimessä.

Teräskattilat olivat 19 vuotta samassa paikassa,
esineet eivät liikkuneet kertaakaan sinä aikana.

Loit uuden aikakauden, loit ajan ajan sisälle,
sitten se kaikki räjähti, kuin hauli tai internet.

Kennedyn aivot yöllä ennen salamurhaa

Metsä, ympärilläni,
nainen vuodelta 59 juoksee,
hädissään, yöllä,
mutta kukaan ei jahtaa häntä,
ainakaan niin että näkisi hänet...
mökissä keskustellaan
30 vuotta vanhasta tapauksesta...

Yhtäkkiä olen betonikellarissa,
yksin, pillerit ja tupakat pöydällä,
seinä on kuin kallo,
jossain puumökissä
pelataan korttia.

Näen itseni
kolmiulotteisessa maailmassa,
hallittuna olentona,
hahmona jota voi muokata,
sormilla, ruudulla,
ja niin joku muokkaakin,
kunnes maisema vaihtuu:

Ihan kuin olisin aavikolla
ja mun pitäis odottaa jotain,
iso auto kaahaisi eteeni
ja toisi mulle jotain,
solmisimme
vuosisadan sopimuksen...

Kaksi intiaania,
olemme teltassa,

keskustellen,
ulkona on yö,
teltassa lämmintä,
kerrot tarinan
kerron tarinan,
teltat ovat tulevaisuudessa
asuntoja
ja erämaa ostoskeskus,

Amerikka täynnä bensa-asemia,
huumediilereitä
ja pimeyttä edessä
motellien, kasinojen, talojen.

Intiaani sanoi mulle,
hei, mieti aivojasi
ennen kun kuolet,
mitä siellä tapahtuu,.
ennen aamua,
intiaani piteli kalloani,
ja tuuditti minut hetkeksi uneen,
hän hypnotisoi minut,
matkustin ympäri maailmaa
ja seilasin Tyyntä valtamerta,
yksityiskohtaisesti
kun heräsin
tunsin itseni vahvemmaksi,
tämä intiaani
tiesi kohtaloni
keittiössä

Jackie pesee tiskejä,
pieni poikani,

mitäköhän hänestä tulee,
onko hän vaarassa
silloin kun hän on aikuinen,
kysyy Jackie itseltään,
eikä osaa vastata

pian on aika herätä, John Fitzgerald,
aika herätä,
tulet unohtamaan tämän unen,
tulen unohtamaan tämän unen.

II

Ajatuksia samalla kun katsoo Los Angelesin katuja

Tämä on parempaa kuin meditaatio.
Tämä vasta onkin meditaatiota.
Autojen ja katujen äänet ovat niin rentouttavia.

Taivas on niin kaunis.
Polttava, lempeä, paahtava.
Auringon paahtamat kadut.
Ajatella millaista olisi kävellä tuolla.
Niin kaukana kaikki inhottavat hetket.
Niin kaukana kaikki raskaat, kivuliaat taakat.

Los Angeles on hirveän suuri.
Mutta Kalifornia on suurempi.
Jos voisit ymmärtää tunnettani?
Mieti vaikka kaupunkia, jonka kaikki puolet näyttäytyvät erittäin
maagisina.

Niin varjot, puut, rakennukset kuin aamut ja aurinko.
Miksi mietin tällaisia asioita?
Sillä minulla ei olisi huolen häivää jos asuisin tuolla.
Kävelisin kauppaan aamulla ja ostaisin ihan mitä haluan.
Se vaan edustaa jotain niin suurta vapautta, niin suurta kauneutta
ja turvaa.
Autossa olisi ihana istua pitkän matkan.
Jokainen rakennus on jännittävä.

Aurinko pilkahtaa kauniisti rakennusten varjojen yltä.
Ajattelen Rock Hudsonia ja Hollywoodin kulta-aikaa.
Ajattelen mitä tapahtui silloin, jotain huumaa.
Tuudittautua leffaan, ajattelen Joan Crawfordia.
Jotain tärkeää tunnetta joka määrittää elämääni, elämäni rakkautta.

Aamulla olisi ihanan kevyt tunne kuten Italiassa tai Espanjassa on
aina.
Ajattelen maailmaa ja miten Amerikkaa ei ole vielä pitkään aikaan
kirjoitettu loppuun.

Ei ihme että Hollywoodissa luodaan unelmia ja rakkaustarinoita.
Se on varmaan vanhojen mainosten ja äitisuhteen luoma
kiintymys?
Mietin, mitä väärää siinä muka on, tykätä äitihahmoista, etsiä
hellyyttä ja turvaa?
Paljon huolestuttavampaa olisi olla kylmä, narsistinen, ylivahva
huumeaddikti, jolla on ollut karmea, alkoholisoitunut kasvatus.
Olen katsonut näitä katuvideoita nyt YouTubesta, käydessäni
mediapajalla.
Ei mulla ole oikeasti huolen häivää Suomessakaan.
Mutta tykkään katsoa näitä välillä.

Yön amerikkalainen elokuva

Suuri pauhaava aalto tunkeutuu alhaalta ylös, pakottaen avaruuden
suojaisten alusten lokikirjat sekä karttapallojen maantieteiden
maailmankuvat yöstä sekaisin.

Vuosisadat näyttäytyvät merenä, joiden vuosikymmeniin vuodet
iskostuttavat ihastuttavan tuntemattomia, pieniä, salaisia tilanteita.

Yö koristaa salaisten kalastelijoiden Tyyntä valtamerta, joka
ihastuttaa avaran veden lakeuden yksinäistä seilaajaa, joka
tuijottaa kotona kalapuikkopakkausta.

Puisen aluksen pienessä huoneessa korttia pelaavat kaverukset
kertovat toisilleen toinen toistaan uskomattomampia kalatarinoita
jostain Kanadan kaukaisesta historiasta.

Unien sekoittuessa unelmiin, unelmien todellisuuksiin, kaloista
tullen suuren merikertomuksen sirkushahmoja, jotka pakenevat
maailmankiertueelle meren kautta Amerikasta.

Sirkuksen yössä kuuluu suuren liianien vuoristoradan matkaajien
ylellisyydestä nauttivaa lapsellista hihkuntaa, joka tallentuu
valokuvan tiedostoon täynnä elämän osastoja iloisia.

Tämä on vain alkusoitto sen tunteen pauhaavuudelle jota haluan
kokea katsoessani elokuvia.

Yön pimeinä tunteina keskustella luottamuksella
elokuvakriitikolle kahdenkeskisestä luottamuksesta.

Keskustelufoorumien pimeät, varjoisat käytävät odottavat
tuhansien ovien avaamista kohti huoneiden spekuloijia viisikoissa.

Spekulaatioiden viidakko, lampi alla hulmuavien lehtien ynnä
liaanien kiipeilijät, jotka vaelsivat tyhjien elokuvakohtausten
koreografian avaraa erämaata.

Dokumenttien virallisuus, CIA:n arsenikkihuone, ranskalainen
sateenvarjo yön pimeinä tunteina, uuden sukupolven matkatessa
kohti tuntematonta tapaamispaikkaa Lapissa.
Edesmenneen elokuvaohjaajan kadonneet arkistopaperit, pölyisten
filmirullahyllyjen salaiset käytävät, RKO-taivas täynnä
idyllisyyttä täydellisen hylätyssä kellarissa.

Traagisesti menehtynyt näyttelijätär kummittelevassa hotellissa,
halvan motellin suihkussa köyhä koomikko, joka kuulee uutisen
naisesta olohuoneen radion kuulopuheesta.

Santa Barbaran asukkaiden aurinkoinen tervehdys internet-
aikakauden oranssisessa paahdossa.

San Diegon viinitarhat, joissa puristetaan viinipulloihin
universaalia, oliivinvihreää raikkautta.

Los Angelesin kuhiseva rikkaus, jossa aloittelevat temppuilijat
vertaavat lahjojaan ennen suurten vuosikymmenten kerrosten
kukoistuksia.

Hollywood, yksinäinen käsikirjoittaja kirjoituskoneensa äärellä,
lyijykynä huulillaan, kirjoittamassa vuosisadan elokuvaa
koruttoman lakonisessa huoneessa, modernin maailman
lainalaisuuksista kaukana.

Metropolit, joissa retkottavat julisteet täynnä mainoslauseita, joita
huomaavat kadunkulkijat, joiden slangisanoissa kuulee juoruja ja

huhuja tämän näkymättömän kiiman suuresta
sanoinkuvaamattomuudesta.

Kuvittelen kirjoittavani romaanin, eepoksen suuren,
kalifornialaisen suvun tarinasta läpi vuosisadan:

Kaiken kauniin vuorottelevaisuus, vuorovaikutus, sukupolvi
sukupolven myötä, vanhojen ahdistusten purkaus, huuhtoutuen
huuhtoutuva kipu, katoamisen hivelevä aaltoilu, sateen
rakastelema maa, se sama perinnöllinen pyhyyttä palvova
hiljaisuus, vuosikymmenet vuosikymmeniä toistaan
raikkaampana, väkevän kauneuden aiheuttama nöyryys ja
vaatimattomuus, toinen toistaan rikastuttavimpien vuosien
loppupuolella - ihmistarinat jotka risteytyvät toisiinsa, lapset,
lapsenlapset joiden elämänlangat eroavat vanhemmistaan,
seikkaillen, vieraillen, elämän legendaarisissa momenteissa, eroten
kuin uudet solukot, solut vanhemmista kudoksista.

Oodi yön amerikkalaiselle tunteelle.

Kiertokulku

Juoda Thamesia,
syödä Berliiniä,
levätä Sorrentossa,
rakastella Pariisissa.

Yöllä Tokioon, lentokoneella,
taksi heittää hotelliin,
hissi on elitistinen,
huone miljardisosa koko kaupungista.

Ajatella universumia,
maata katolla katsellen tähtiä,
katsoa ylös Bronxin planetaariossa,
huutaa kun lentokone pauhaa ylhäällä.

Pyöräillä Alankomaissa,
reilata Saksaa ja Ranskaa,
istua Grand Canyonin äärellä,
tehdä huumeinen oivallus.

Kävellä aamulla L.A.:n läpi,
ajaa yöllä rekalla maantietä,
pysähtyä Galvestonen huoltsikalla,
ottaa kyytiin liftari trenssitakissa.

Bisnesmatka Pekingiin,
tärkeitä neuvotteluja,
takaisin Lappiin naisen luo,
josta takaisin taas Pekingiin.

Luksusasunto pohjois-Ruotsissa,
nauttia Ikean puista ja viskeistä,
mennä saunaan mainostamaan Skandinaviaa,
saunassa pari Hollywood-staraa.

Mennä bunkkeriin tupakalle,
takaisin töihin kello kuudelta,
sitten Suomen kansan syviin riveihin,
armeijan kertausharjoituksiin.

Kusta lavuaariin, kusta vessaan,
jäte syöksyy maanalaiseen virtaan,
ostaa kassit suklaata, kierrättää muovit,
juoda 20 kaljaa ja kusta 20 kaljaa.

Matkamuisto

Täällä huoneessa olen ollut ennenkin,
tyhjä, aavemainen huone,
matkamuisto vanhalta kadulta,
parvekkeella nainen,
kädessään huivi
alla auringon paahtamat koulut.

Täältä minä lähdin
vaikka elin muualla,
jokin marttyyrin hiekka,
herkkien kätten sirottelema.

Nyt tajuan talvipolut,
talvimetsät, ujot askeleet,
lapsen pää tuijottamassa maahan,
savun tuoksu korvessa,
kaukana kaupungista.

Täällä minä olen,
nainen, jonka suonet
pumppasivat samaa verta,
suljettujen ovien takainen
musta huone,
kusilaarit, likaiset lavuaarit.

Muistan eläneeni ennenkin
jossain muualla
mutten tiedä missä.

Mitä on paranormaali tuttuus?

Sillä minulla on monta kokemusta
henkimaailmasta,
jossa sain kokea jotain hurjaa,
jonka tunsin tutuksi mutten tiennyt miksi.

III

Katharine Hepburn

Ai, mikä nainen!

Näyttelijättäristä karismaattisin.
Joutsenen posket.
Temperamenttinen, pelottavan älykäs.
Itsenäinen demokraatti.
Sydämen sivistystä.

Ikuista hoivaa,
joka näkee aina sen
joka on haavoittuvimmillaan
ja joka näkee aina
sen joka kaipaa tukea, suojelua ja puolustamista.

Silloin nainen on kauneimmillaan
kun hän huomaa heikoimman ja sorretun.

Kitkainen, älyllisesti haastava nainen,
kitka on aina se
missä rakastuminen on jännittävintä.

Hän oli Connecticutin nainen,
he taitavat olla rivakampia.

Harrasti joka aamu uintia ja tennistä.

Ehkä Katherine piti
miehistä joilla oli henkselit,
mustat sukat ja hilsettä.

Ja korkokenkien sekä sukkahousujen alla
hän oli kai kuin käärmevyyhti alasti.

34

Äärimmäisten kokemusten äärellä

Olin elänyt huikean elämän.
Täynnä loputtomia kerroksia.
Aika oli mennyt kauniisti taaksepäin ja eteenpäin.
Elämä oli ollut ihmisten ja kokemusten supersuuri pilvenpiirtäjä.
Olin uponnut ajan ihaniin hallusinaatioihin.

Oliko tämä taivas?
Istuin yksinäisessä hotellihuoneessa.
Odotin äijää.
Sängyllä jalkani tärisi hiukan jännityksestä.
Minulla oli punainen salkku.
Sitten se tuli.

"Oletko valmis matkalle?"

Lähdimme alas rappusia.
Niitä oli noin viisisataa.
Mies ohjasi minut baariin.
Ja otti salkkuni.
Sanoi että tarvitsen salkkua myöhemmin.

Baarimikko oli tutunnäköinen.
Mietin missä olin nähnyt hänet ennenkin.
Rahani ei kelvannut hänelle.
Hän hymyili tietäväisesti.

Puhelias mies käveli tiskille.
Teki mieli juoda kaikki juomat.
Ja niin me joimmekin.

Keskustelumme oli mahtavan hyvä.

Hän vei minut televisiohuoneeseen.
Iso tv näytti uutisia maailmasta.
Ja saimme valita mistä maasta katsoisimme ihmisten elämää.

Stadionhuoneessa esiintyi bändejä ja artisteja.
Se oli portaiden yläpuolella.
Korkealla.
Mutta alakerrassa halusin nähdä leffan.
Joku sivullinen kysyi että olinko nähnyt sen leffan.
En ollut, se oli uusi.

Kolmantena päivänä näin sukuni jäsenet.
He eivät olleet vanhentuneita.
Katsoimme tosi-tv-ohjelman.
Sitten keskustelimme.
Ennen yötä kävimme maailmanpyörässä.
Huomenna olisi aurinkoinen aamu.

Makasin sängyllä supertyytyväisenä.
Kunnes nukahdin.
Maatessani itkin.
Morfiinipössykässä kuolin.
Täynnä hämäriä, hajanaisia ajatuksia.
Silti, niin rauhallinen oli fiilis.

Tarkovskilainen kirkko

Näin unen punaisesta kirkosta
Talven yössä
Kotoisassa kylässä
Näin unen Tarkovskin elokuvasta
Tarkovskilaisesta talvesta.

Elokuvaa ei ole olemassa.
Elokuva vaikutti äärimmäisen kauniilta.
Selittämättömältä.

Mitä ihmiset tekisivät kylässä?
Miten ihmiset pyörisivät kylässä?
Näen elokuvan niin lumisena ja pimeänä.
Ehkä elokuva joka tapahtuu yöllä.
Kirkossa ja kodeissa.

Aivan kuin kuume,
jossa seinät näkyvät pienempinä,
näytti uni kauneuden,
joka näytti pieneltä,
mutta tuntui äärimmäiseltä.

Kirkko merkitsee pyhyyttä,
se on yöllä
majesteetillinen rakennus,
ylvään ja alhaisen välissä,
ehkä kylässä oli kapakka,
jota talvi ympäröi,
myös yöllä.

Lumiset kinokset
rakennusten ympärillä,
kirkko ja kaupunki
Jumalan yössä.

Uskollisuus

Sanat kuihtuvat ja haalistuvat menneiden muistojen epämääräiseen
utuun,
Lapsena kävelen pitkin lumista maata katsoen alas.
Eksyn metsäiseen maahan hiihtotunnin jälkeen
Ja vanhemmat soittavat opelle kysyen olenko kunnossa.

Uskollisuus on jotain tällaista...

Mikään ei saa minua irtoseksiin
Mikään ei saa minua irtoseksiin

Äitini vie minut lastentarhaan ensimmäistä kertaa
Ja itken koska minua jännittää niin mennä uuteen paikkaan
Jonkun lapsen kanssa vaihdan jääkiekkokortteja
Ja tykkään kun äitini odottaa minua kotona

Uskollisuus on jotain tällaista

Mikään ei saa minua irtoseksiin
Mikään ei saa minua irtoseksiin

Näen pienenpienen toukan kun se ei pääse jaloilleen
minua säälittää se kun se liikuttaa jalkojaan niin avuttomana
pienen pienet porsaat katsovat minua viattomin silmin.
lukemattomat aikuiset naiset eivät ole ikinä kuulleet minusta

Uskollisuus on jotain tällaista
Uskollisuus on jotain tällaista

Monty Pythonin lentävä sirkus

Tullimies, kartan edessä.
Polkupyöräilijät pyöräilevät pitkin Iso-Britanniaa.
Kartalla on varjoja, kuten takissa.
Iso harmaa takki, trenssi.
Taskuissa nöyhtää maailmansodasta.
Matkalaukku salakuljetetaan Lontooseen.
Tämä on ajan pieni tasku.
Haluan juoda kartan.
Sen pikkukylät ja tiet.
Aika sijaitsee nyt internetissä.
Miljardisosassa.
Pienessä suojassa.
Ennen kadut olivat katuja.
Ennen olut oli olutta.
Kevyempää.
Mutta samaa.
Sama aurinko paistoi I maailmansodassa.
Ajat, ihmiset ja paikat vain muuttuvat salamannopeasti.
Kaikki rakennukset remontointiin.
1960-luku oli kuin kangas, joka vedettiin kauas pois jo kauan
aikaa sitten.
Kadonnut ja kulunut ala-asteen englannin kielen oppikirja.

Tuopin äärellä tiesimme aina
olevamme kauempana,
lähempänä aliarvostettua kulmaa,
lähempänä älyllistä teoriaa,
kaupallisuudessa oli vähemmän kaupallisuutta,
olimme osa valloittajia,
istuimme
lattian päällä ennen tätä unta.

Lontoolainen ystävällinen pubi.

Se ilta, osa 1

Lapsuus.

Kävimme ruotsalaisten ja helsinkiläisten tuttujen kanssa
Tukholmassa.
Sitten katsoimme kokkoa jossain päin Suomen laituria.
Olimme kaikki hyvin alussa elämää.

Toinen perhe piti runoudesta ja tenniksestä. He asuivat
Helsingissä.

Ruotsin laiva. Monta reissua. Suunnittelimme isän, isoveljien ja
äidin kanssa mihin menisimme. Viattomina. Ekoja muistoja.
Muutama matka Ruotsiin.

Joskus kävimme jääkiekkoperheiden kanssa risteilyllä. Minua
ärsytti aikuisten tupakointi. 2000.

Jääkiekko. Alkoi 1995.

Matkustimme bussilla ympäri Suomea.
Jyväskylässä vierailin perheen luona.
Satoja otteluita.
Tuuletin maalejani ulkojäillä iltaisin.
Olen sitä mieltä että siitä on olemassa VHS-nauha.
Joskus näin sen.
En vain muista.
Hervannan jäähallissa, maan alla, pelasimme kiihkeimmät ottelut.
Ilvestä vastaan. Ihan kuin ammattilaiset.
Bussissa oli kansan syvät rivit.

Hakametsän jäähalli.
Hjallis Harkimo istui kerran ylhäällä.
Näimme hänet.
Tiesin pelaajien nimet ja muuta.
Usein kävelin parin kaverin kanssa pitkin käytäviä.
Nuuskaläiskiä oli katoilla syrjässä yleisön yllä.
Joskus heitimme sokeripaloja ylhäältä alas.

Jalkapallo-otteluita. Salin sisällä.

Ala-aste.
Täydelliset ekat neljä vuotta.
Kaikki oli uutta ja ihanaa.
Vuorenvalloitusta.
Esityksiä salissa.
Jyrki katsottiin joka koulupäivän jälkeen.
Uimaharjoitukset. Meinasin hukkua ja tyyppi tuli pelastamaan
minut.
Pelkäsin myös hyppäämistä.

Opettaja huomasi luistelukykyni ja pyysi mukaan edustamaan
koulua jääkiekkoturnauksessa.
Hiiren näköinen tyttö juhli kun tein voittomaalin ekassa pelissä.
Ihan kuin se tuntisi minut. Juhli ja kannusti paljon.

Uimista ja kesiä Kaukajärven rannalla.

Ala-asteen lopulla bussimatka Lappiin.
Istuin yksin kaverini kanssa.
Olimme molemmat yksin olevia.
Lapissa laskettelua ja keittiötaitoja.

Se ilta, osa 2

Pitkäniemi. Kaksi ekaa viikkoa. En muista niitä.
Hyvin outoja ja mystisiä kokemuksia.
Sairaus pelasti minut. Toi psykedeelisisiä värejä mieleen.
Tumma sade ja autot.
Ihmiset sellaisia että ihan kuin olisin tavannut heidät ennen.
Piirustushuoneen ryhmiä.
Kokemus tuntui mystiseltä ja oudolta.
Elämää suuremmalta.

Päiväsairaala. Tampereen Keskustasta kilometri, syrjässä.
Iso rakennus. Ikkuna ylhäällä.
Siellä oli ryhmiä.
Joku Mirva puhui vaniljasikareista.
Nuori ja sympaattinen hippimäinen nainen.

Menin näihin aikoihin Helsinkiin isoveljen luo. Ahdas, köyhä
kämppä.
Makasimme lattialla.
Kallion tumma hippibaari. Margarita.

Toimintakeskus. Kävimme joka paikassa Tampereen sisällä. Myös
ulkomailla monta kertaa.
Koko Tampere tuntui perheeltä.
Oli myös muita toimintakeskuksia. Etenkin Pyynikillä.

Se ilta oli elämäni ilta.
Parvekkeella tupakoimme. Nuoruutta.
Hippiyden ihanat kerrokset.
Risat takit ja paidat.
Chisu ja Jenni kaiken alla.
Yllä moottorit.

Ulkona ambulanssi-ilta.
Ulkona mielisairaalataivas.
Sinun värit ja valot.
Sinun ympärilläsi loisti keikat, runous ja rock-albumit.

Myöhemmin Haihara. Puhuimme parvekkeella pitkään. Tupakkaa.
Makasimme lattialla kolmistaan. Nukuimme.
Unibiisi soi taustalla.
Täydellisen boheemia.

Aamu Pitkäniemessä. Ihana aamu. Kahvi ja hiljainen huone.
Nainen tulee sisään.
Kaikista ihmisistä, niin hoitajista ja potilaista, jäi hieno muisto.
Luontokävelyt. Ryhmät.
Suihku toisessa kerroksessa.
Kolme ekaa viikkoa pelkkien naisten kanssa osastolla. Kuin
taivas.
Neljässä eri osastossa tuli käytyä.

Elämä on vasta alussa.

IV

Kings Park, osa 2

Tänään piirsin neljäkymmentä neliötä paperille.

Ne olisivat rakennuksia Kings Parkin sairaala-alueella.

Niitä oli oikeasti yli sata.

Potilaita oli korkeimmillaan 9303.

Elokuva alkaisi sillä että nainen juoksee pimeässä yössä kohti
metsää.

Sitten jotkut nuoret tutkivat Kings Parkin sairaala-alueen hylättyjä
rakennuksia.

Taskulampuilla. He näkevät monta graffitikirjoitusta.

Sitten mökki syrjässä. Talvi-ilta.

Dokumentaristi kysyy mieheltä mökissä mitä hän tietää Kings
Parkista.

Mies vastaa näyttämällä Kings Parkin kompleksin arkkitehtuurin.
Hänellä on kompleksista pienoismalli pöydällä.

Sitten alkaa tarina.

Elokuvassa luodataan koko 1900-vuosisata.

Jokin vanha mystinen salaisuus jatkaa tapahtumistaan koko
vuosisadan ajan.

Seinäkirjoituksia kellarissa. Potilaiden lepo/hengailutila yöllä.

Huoneen seinä. Paljon keskusteluja sen edessä.

Elokuvassa kerrotaan monen potilaan tarina.

Muutos vuosikymmenien aikana. Sekä sairaalassa että henkilökunnassa.

Henkilötarinoita.

Ja lopulta hyvästit. Kaikelle.

Siihen mitä oli eikä ole enää olemassa.

Kuollut kaupunki

Ei enää, vuosikymmeniä,
täynnä kynttilöitä,
kahvihuoneiden ikkunanpielissä,
ei enää syksyjä, ei mennyttä,
pommitetun kaupungin katveessa,
ei muistoja, lastentarhakirjoissa,
valokuvia, piirrustuksia lasten edistymisistä.

Ei enää, luistinrinkejä, juoksukelejä,
ei virtaavien pururatojen neitsytlähteitä,
ei terapiaryhmiä,
joissa oivaltaa menneen, tulevaa, nykyistä,
ei talvia, jolloin Keskusta on henkäystä,
loskaiset kengänjäljet kuran ja sohjon seassa,
ei kirpputoreja, katujen suhinoita, mutinoita,
kiertäviä kenkiä, cd-levyjen tunnelmointia,
nuoren naisen selittäessä,
millä tavalla pääsee nopeiten Vanhasta Kaupungista
ostosmarkettiin, ostamaan lautapelejä.

Tervetuloa kuolleeseen kaupunkiin,
somminjäljet mustia,
on kansa piilossa bunkkerissa,
uimahallinmuotoisessa,
me pelkäämme, hengitämme,
olemme kyllästyneet,
paskaan, josta kasvaa kukkia,
haluamme vain kukkia,
haluamme vain kukkia.

Kunpa se joka ulostaa, kuolisi,

se ulostaa meidän päälle,
ja vetää vessan tuntematta mitään.

Markkinat

Markkinoilla ei näe Neitsyt Mariaa,
ei marttyyrin viiltävää huutoa, ei Jeanne d'Arcia,
ei taiteilijoita, eikö kilttiä, anovaa katsetta?

Näkee purkitetun oopperan, snacks-pussin Louvresta,
laminaatit lattian päällä, diesel-vetoisen Mona Lisan,
saunan ja suihkun,
joissa käydään rentoutumassa työholismiviikon aikana,
muttei koskaan taidetta.

Kaikki rahastetaan, kaikki otetaan,
kato minkä universumin pienellä nyrkilläs puristat,
kato minkä kaikkeuden ennakkoluulollasi holokaustaat.

vaan me emme lähde pois
me olemme armeija
eikä meitä enää voi
pyyhkiä pois jonkin pahemman tieltä

siinäpä elämänsuunnitelma
siinäpä elämänsuunnitelma
siinäpä elämänsuunnitelma

on niin paljon ennakkoluuloja, asioita, joita ei voi tajuta,
ylösalaisin oleva maailma,
aina se helvetin vastakohta,
koneisto, rattaat, jotka rullaavat,
eikä niiden kovettuneita silmiä
voi pehmentää helpolla,
turboahdettu moottorihelvetti, peukku ja nyrkki,
alhaisimman nimittäjän sarjarutistusta,

joka ei ole kuullutkaan mistään kulttuurista,
massa, joka kittaa sisäänsä kaljaa ja kaljaa.

vaan me emme lähde pois
me olemme armeija
eikä meitä enää voi
pyyhkiä pois jonkin pahemman tieltä

siinäpä elämänsuunnitelma
siinäpä elämänsuunnitelma
siinäpä elämänsuunnitelma

Sopimus

Meillä oli sopimus,
alhaalta korkeuksiin, niin alhaalta
että kaikki pääsivät mukaan.

Betonikellareista betonilähiörakennuksiin,
rotvallin reunalta, Amuriin ja Pyynikkiin,
kaupunki kiersi meitä ja me kaupunkia,
jokin outo vasemmistolainen runous,
jossa jotkut nuoret olivat aamun sanansaattajia,
heillä oli likaiset, haisevat vaatteet,
koska me vietimme monta hetkeä tupakalla
aamuisen syksyn lehtien koristaessa maankamaraa,
ison, mustan katoksen alla,
tuhkan ja tupakkateollisuuden avioliitossa,
amerikkalaisen alamaailman foorumilla,
monet tiesivät kaiken Rockefelleristä, Vietnamista,
nuortamperelaisen alamaailman alitajunnassa.

Matkustimme ja kiersimme Tamperetta,
linnut lensivät Vuoreksesta Keskustaan,
mustat siivet, mustat kuin kalsarit ja tupakantumpit,
rap ja runous loputonta kuin nuoruuden mt-ongelmat.

Sirkusnaiset, jonglööraajat,
iloiset huulet, pirteät kasvot,
koko kaupunki niin kaunis,
täynnä kauniita naislähihoitajia,
jotka meitä niin hoivasivat,
intellektuelleja salaliittoteorioita,
ja puista tehtiin runokokoelmia,
kaverit auttoivat taittamisessa,

näkymättömän nuorison unohdetut tarinat,
työväenluokan likainen ensyklopedia.